같이 산책 하실 래요?

같이 산책 하실래요?

| 허이레 제2시집 |

하나로선
사상과문학사

시인의 말

사촌 같이 친근한 소의 해
꽃망울 여는 삼월 연한 계절에
조무래기 글 알갱이들을 오밀조밀 꿰어 출판사로 넘겼다.
주인공마다 이름표를 매달아 색색의 옷을 입혀 보냈지만
헐렁 꿀렁 빈틈에 주눅 들어 출출 늘어진 것도 있다.
말끔해진 책상위로 체에 거른 봄볕 부스러기들이 쏟아지는 오후
가뿐한 바람 틈새로 어깨는 날개 짓을 한다.

오랜 친구들 외 주사랑과 동행님들의 기대와 축하를
고마운 우정으로 마음에 담으며…

이 좋은 계설에
내 주인의 보살핌은 두 번째 시집을 낼 수 있게 하셨으니
감사 할 뿐이다. 모든 영광을 하나님께 올려 드리며 아울러
건강을 챙겨주며 늘 힘주는 영육의 가족들과 작업을 도운
김지은, 박상미 작가에게 고마움을 전한다.

2021. 3. 27 토요일 오후
가나안 서재에서

차례

시인의 말 · 5

1부 나긋한 숨결에 깍지 낀 본능을 풀고

니가 내 친구여 · 14
철딱서니 없는 선배 · 15
안내 · 16
수척한 생각 · 17
최선의 선택 · 18
맘대로 안돼 · 19
달음질 · 20
벙어리 새 · 21
그런데 · 22
쓴지가 얼만데 · 22
장례 · 23
거기 · 23
화가의 표현 · 24
시도 때도 없이 · 25
신맛 나는 친구 · 26
공황장애 · 27
이겨보자 뱃살 · 28
야외카페 · 29
봄 1 · 30
봄 2 · 31
냉이꽃 · 32
내가 더 좋아하는 사람 · 33
우리는 · 34
나, 움텄어요 · 35
사나이 · 36
숲은 · 37

2부 계곡에서 올라와 핥고 가는 입김

행복한 시간 · 40
마른장마 · 41
어디를 보나 했더니 · 42
앞마당 · 43
귀뚜라미 마음인가 · 44
비 오는 날의 톡 · 45
어쩌다 가출 · 46
내리사랑 · 47
오버랩 · 48
우린 평화주의자 · 49
석류 · 50
생명은 꿈틀대고 · 51
고향집 · 52
밤새 시조 가락 · 53
마른 꽃길 · 54
어느 틈에 · 55
아마추어 농부 · 56
웃었으면 좋겠다 · 57
가을 산책 · 58
사색의 계절 · 59
생각의 여행 · 60
눈물의 의미 · 61
방역 · 62
외로운 할머니 사는 법 · 63
같이 산책 하실래요 · 64

3부 어릴 적 뒤란이 곱게 나이 든다

유혹 · 68
내 생각 · 69
살아 있어 좋다 · 70
라일락 · 71
더불어 산다 · 72
소리치고 싶다 · 73
생각 많은 계절 · 74
봄의 기운 · 75
천재 건축가 · 76
정거장에서 · 77
봄 캐던 날 · 78
빈집 증후군 · 79
가뭄 · 80
잠자리 남친 · 81
뒤에 두고 · 82
올림픽 · 83
날개 옷 · 84
운동회 · 85
겨울바람 · 86
숨 막히는 지구 · 87
녹차로 물든 시간 · 88
비 오는 날 · 89
기억 (아픔) · 90
보고 싶다 · 91
먼 여행 · 92

4부 바스라 지는 수렁 같은 연민

생각 1 · 96
생각 2 · 97
다정한 이웃 · 98
나도 한 몫 · 99
혼자 앓는 병 · 100
무지개 위에서 (옛 친구) · 101
꽃 시절 · 102
조기 박사와 시인 · 103
그는 누구인가 · 104
손 좀 잡아 주세요 · 105
누리며 살자 · 106
늙어도 촉새 · 107
보약 · 108
사랑 한다 아가야 · 109
바람 뜰 · 111
민폐 · 112
이별은 그렇게 오고 (친정 엄마) · 113
그가 붓을 드셨는가 · 114
별 바람 · 115
들어볼래요 · 116
할머니 꽃 바지 1 · 117
할머니 꽃 바지 2 · 118
음악 감상 · 119
비밀 · 120
신선이 기죽네 · 121

차례 · 9

5부 턱 고이고 보는 구름의 곁눈질

생명 · 124
글, 멋 · 125
하나만 선택해 · 126
나도 가을 · 127
살다보니 · 128
두 돌 지났어요 · 129
늦둥이 · 130
낙엽의 안식 · 131
영정 사진 · 132
한방 찻집 · 133
다시 살고 싶다 · 134
만날 수 있다면 · 135
네 자리 있을 때가 예쁘다 · 136
두 마음 · 137
토네이도 · 138
이 다음에 · 139
나도 가을이면 좋겠네 · 140
이것이 전부일까 · 141
숫컷의 일생 · 142
슬픈 꿈 · 143
시동은 켜있다 · 144
내가 젤 잘나가 · 146
창 밖 넘어 · 148
예쁜 몸짓 (몽00점) · 149
친구 · 150

1부

나긋한 숨결에 깍지 낀 본능을 풀고

니가 내 친구여
철딱서니 없는 선배
안내
수척한 생각
최선의 선택
맘대로 안돼
달음질
벙어리 새
그런데
쓴지가 얼만데
장례
거기
화가의 표현
시도 때도 없이
신맛 나는 친구
공황장애
이겨보자 뱃살
야외카페
봄 1
봄 2
냉이꽃
내가 더 좋아하는 사람
우리는
나, 움텄어요
사나이
숲은

니가 내 친구여

저녁에
비가 주룩 주룩
보채는 땅을 적시고

남는 소린
가슴으로 스미더라고
생각이 들키지 않을 것 같아
비는 비대로 좋데이

음치가 큰 소리로
노래까지 했다니께

철딱서니 없는 선배

문득 생각난 친구에게
저녁이나 먹자고 문자를 보내는데

어째 귓 뿌리 둘레에 열감이...
고개를 돌리니 아 부장 니~임

학교 선배인 부장이
풍뎅이 웃음을 웃으며 지나간다

안내

그대!
기억 하나요
단물 머금은 소풍 같던 날들을

문득 그리 울 때는 훌훌 털고
나서보세요

행여 길을 잘
못 찾거나 가물거리면

메아리 타고
풋풋한 내음 따라 오세요

수척한 생각

겨울을 부르는 가을 끝자락

부르르 떨며 오는 비

축축히 눌러

포개지는 낙엽 위로

바라보는 생각이 부르르 떤다

최선의 선택

겨울은 바닷가에 서있다

하얗게 달려온 포말이

뒷꿈치를 들어 겨울을 핥는다

투명한 혓바닥

찬란히 엉키며 손사래

시샘하는 바람을 쫓으며

지금은 부쉬지도록 사랑하리라

맘대로 안돼

나이든 고목
축이 흔들리는 소리가 들린다
언제 난 구멍들인가
돈과 자존심이 새 나가고

가슴에 냉기는 옹달샘을 팠다
뜨겁고 찬물이 언제나
자그랑 자그랑 끓고

심장은 턱턱 막히는 정거장
늙은 패잔병의 미래처럼
별난 병이 앞장서 숭숭 드나든다

달음질

바람이 뚱뚱한 날

혼란스런 잿빛 구름이 서성대고
휘청대며 비가 지나간다

공원의 사람들 뛰기 바쁘고
산책 나온 개 주인 캥거루 뜀에
강아지는 어질어질

발바닥에 쥐난 날

벙어리 새

습관처럼
때로는 간헐적으로
붉은 포말은 가슴에 일었다

명치끝에 매달린 앙금
빨간 흔적은
언제나 비밀이고

말을 잃은
슬픈 목구멍은
소리 내 울지도 못한다

그런데

공부해라 일등해라
말하지 않았다
밥 먹어라 많이 먹고 더 먹어라
제일 많이 했던 말이다

그런데
언제부터 듣기 싫은 소리가 됐을까

쓴지가 얼만데

오래 쓰니 낡았습니다
이제는 늦어 바꿀 수도 없으니
심지 짧은 촛불 같아도

살살 달래가며 살겠습니다

장례

비 온 뒤 눅눅한 흙냄새
눈물과 섞인 낙엽 같은

비릿한 삽질에 삶이 덮힌다

무대는 휘장이 내려지고
관객은 눈물로 돌아선다

거기

나이 많은 집에는
케케한 그리움이 곰삭고
이끼 끼듯 터 잡은
어머니 정이 숨 쉬고 있다

화가의 표현

화선지 위에
막대기를 콱 박고
빨래 줄을 묶었다

스물 거리는 마음
탈탈 털어 널었더니

시원히 날아온 구름이
제 색으로 새파랗게
물들이고 간다

시도 때도 없이

찬바람 난지가 언제인데
늦여름 해 길이가
엿가락 같네

가는 세월 보면 사람 사는 게
갈 매미 같다니께

봐
허물 벗을 날 멀잖았제

신맛 나는 친구

풋 냄새 익는 초여름은
어릴 적 친구
냄새 같아서 좋다

첫사랑 단내 같은 풋사과를
불쑥 내밀고
먹어 하며 돌아서더니

풋사과 좋아 하는걸 그때
어떻게 알았을까

공황장애

깨어나지 못할 것 같아
잠을 못 이루고

열 살 때 빠졌던 웅덩이에서
뜬눈으로 허우적댄다

벌거벗겨 쫓겨난 듯한 절망이
가위 눌림처럼 덮친다

푸른 달빛 뾰족한 촉은
아직 나를 찾지 못하고
구부려 말린 몸은 죽은 벌레 같다

거미가 간간히 응시하고
재떨이엔 생담배 연기가 맵다

이겨보자 뱃살

도전 첫째 날
생각도 애매한 갈등을 지고
괜히 온건 아닌지
에라, 매트에 벌러덩 누웠다

눕자마자 강사인지
비키니 입은 날씬녀가
뾰죽하게 째려보고 간다
요 몸이 답예요 말하는 것처럼

무너지지 말자
많이 먹고 확찐자 된 내 죄
회개 하고 가볍게 살자

야외카페

의자에 몸을 깊이 들이밀고
봄 햇살 담은
커피 한 모금 쭈욱
행복 온도 만점이다

홀로 듣는 자연의 숨소리
부딪치며 쉬었다 가는
바람 사이로
흰나비 어른대는 사색 길

매직에 걸린 눈꺼풀은 지금
흰나비를 보지 못한다

봄 1

얇은 바람이 쓰담 쓰담
햇살 부신 눈을 감기더니 후욱
불어 날 리는 향기가 달다

어느 틈에 봄내 음 성숙하고
분홍 빛 수줍음도 품에 드니
벌 나비 취하는 한낮

배가 등에 붙은 개미 부부
벌러덩 누워 딩가 딩가
온 감각으로 음미하며 맛본다

봄 2

말랑 말랑
보습이 매끄롭하게
안방마님 물오르고

누비바지를
애첩처럼 끼고 사는
바깥양반도 허리 편다

기대기를 좋아하는 개나리
버르장머리도 고쳐 세우니
주변이 멀끔한 봄단장

속 시원한 봄봄
입춘대길이로구나

냉이꽃

빛의 조각들을 은은히 품고
성숙한
거칠지 않은 결이 고운 너

멍울진 속내 들킬까봐
대견히도 올라온 꽃대의
희고 흰 꽃은

눈 여겨 보던 날도 무심히
늙은 칡넝쿨만큼이나
질긴 그리움으로 쇠어져 갔다

노오란 햇살을 꼭 잡고
여릿한 봄날을 그리 살았는가

내가 더 좋아하는 사람

보고 싶다며 한번 놀러 오라는데
나도 늘 보고 싶지만
지금은 외출이 어려워
잠시 보류하자고 답 글을 보내며

그러게요 마음은 한걸음인데
왜 이렇게 어려운지
코로나까지 설치는 힘든 세상
조금 빗기고
무더위 한풀 꺾이면 살랑살랑
바람이 웬만 한날 만나지요

그때까지 친구여 잘 있다 만납시다
몸조심하고 행복하세요

우리는

맑은 하늘처럼 말금말금
마음 창을 닦자

여러 모양의 사는 이야기
포근히 그려 넣으며
그렇게 살자

하늘에 매달린 파란 꿈
만발한 폭죽으로 피어나고

맑은 마음에 사랑도 감사도
다문다문 무늬 넣어

너와 나 우리 모두 행복하자

나, 움텄어요

그대의 맑은 마음이
내게로 건네온다
마음이 좋아서 까딱 까딱
아이처럼

그 어깨에 기대어 졸다
꿀맛 같은 입맛 다신다
오후 빛의 나긋한 숨결
깍지 낀 본능을 풀었다

툭 툭
여기 저기 까르륵 웃음소리
기쁨이 벌러덩
아주 눕는다

한 번 더 힘주어
떡잎을 쑥 밀어 올린다

사나이

떠나가는 계절을 배웅 한다
가다가 멈칫하는 얼음판에
눈 덮히고 가파른 바윗 길
반사되어 건너오는 연못의 눈빛에
맘이 녹는다

숨가삐 오르는 겨울바람
산을 타는 남정네들이
그 뿜은 바람을 들이마시며
활활 데워 내 뿜고
굴곡진 산길에 마주서 겨울을 배운다

인생은 내리막도 오르막도
짐작으로 갈수는 없잖은가

숲은

장맛비가 숨돌리는 틈에
살짝 내민 빛을 보려
달팽이가 고개를 젖힌다

빨판 같은 배는 그대로 밀며
눈과 더듬이는 소리치는 것 같다
얘들아 빨리 따라와
촉촉한 풍경속에 주인공

뭔일인가 궁금해 따라간다
햇님이

2부

계곡에서 올라와 핥고 가는 입김

행복한 시간
마른장마
어디를 보나 했더니
앞마당
귀뚜라미 마음인가
비 오는 날의 톡
어쩌다 가출
내리사랑
오버랩
우린 평화주의자
석류
생명은 꿈틀대고
고향집
밤새 시조 가락
마른 꽃길
어느 틈에
아마추어 농부
웃었으면 좋겠다
가을 산책
사색의 계절
생각의 여행
눈물의 의미
방역
외로운 할머니 사는 법
같이 산책 하실래요

행복한 시간

오후 빛이 비스럼 비켜서니
가을 탄 선선한 바람이
문빗장 열고 들여다 본다

카푸치노 머금은 거품 립스틱
입술에 가을이 묻었더니
들국화 부추겨 코스모스 참견하고

빨간 손끝 까딱대며 웃는 맨드라미
도란대는 소통이 행복하다
바람의 스킨쉽은
멋진 선물이 분명하고

마른장마

짧은 장마가 꼬리 짜르기로
자취를 감추고
물기하나 없이 지구 덩어리는
바짝 마른 다

마르면 마를수록
인간의 몸풍이는 짠물을 쏟으며
더위를 외치고

미간을 부채 살처럼 접었다 폈다
냉수만 들이키며
연신 목구멍에 물골을 낸다

어디를 보나 했더니

한 스푼
똑 떠서 입에 넣으면
천사의
마음이 물들 것 같은
포랑 포랑 솜털 구름
납작한
민들레의 노랑 미소가
날아오를 듯 바라본다

앞마당

파라솔 밑
햇살과 바람과 카푸치노
음미하는 향 느낌오고

거품 핥아 흡입하는 소리
누가 듣는 것 같더니
냥이와 눈이 마주쳤다

표정이 입덧중인 것 같아
이리와
꽃받침에 거품을 듬뿍 떠줬다

귀뚜라미 마음인가

어젯밤 잠자리가
공연히 두리번거리게 호젓 하더니
밭채에 누군가 와 있더라구

밤새 풀섶 하늘에 토해대는 울음에
이불을 끌어올려 덮다보니
아유 참
가을이더라니까

울지 말라고
어찌 외로움이 너 뿐이겠냐
내 뜨건 속이 화기로 봇물 트겠구만

이러다 숨 넘어 가겠어요
그대도 어젯밤 만났나요
밤새 뒤척이는 숨 가쁜 가을을

비 오는 날의 톡

마르고 갈라진 대지
부드럽게 핥아 봉합하며
비 내리는 날도

그대 마음은 맑음이기를
장화가 젖는다고
기분이 우울할 필요는 없어

천지에 들꽃 숲처럼
싱그러운 기운을 받는거지
눈감고 빗소리를 들어봐

우리 잠시 행복해 보자

어쩌다 가출

맨 발로 나왔다
정거장 사람들 사이로 구구구
차가 지날 때 마다 푸드득 대고

양말도 얻어 신지 못한
노숙자의 애환
진회색 단벌옷에
꽁꽁 얼은 새빨간 발가락

겨울 보다 더 추워 보인다

내리사랑

누가 뿌려 놓았나
잎 끝에 매달린 이슬방울

낮은 자리 풀잎으로 동굴리니
또르르 톡
입 벌린 민들레가 꼴깍

물 젖은 무당벌레 날개 펴고
캉캉 춤
작은 방울 한 모금은
청개구리 새끼가 핥고

하루를 시작하는 자연 숲

오버랩

비가 내리는 것도 아니고
그친 것도 아니고
습기 낀 안경 너머가 복잡하다

스쳐가는 이의 모습에서
가을비같이
낯익은 그를 본다

안개 낀 듯 흐릿한 번짐은
날씨 때문일까

나이 든
수정체의 물기 때문일까

우린 평화주의자

비딱하게 올려 쓴 모자
여름내 그을린 꼬질한 내 친구

양팔 벌린 사이로
부리를 꼭꼭 찍으며
이제 고생 끝났다며 위로한다

허름한 농부가 다가오며 훠이훠이
새도 안 쫓고 넌 뭐하냐는 책망에
주인님

원수를 사랑 합시다

석류

몇 날을 벼르던 어느 휴일아침에
금앵의 배가 터질 듯하더니
진통이 오나보다

해산 끼는 이틀에 걸쳐 금앵을 찢고
속살을 활짝 열어
빨간 구슬을 쏟았다

신비로운 해산의 비밀을 훔쳤다
아~ 어쩌면
농익은 기운이 저리도 붉을까

구슬을 오물렸던 궁이 흥건히 붉다

* 금앵은 석류의 다른 이름이다.

생명은 꿈틀대고

가쁜 숨 쉬며 실눈 뜬 생명들
하늘땅에 봄기운 가득하고
쪼르륵 쪼르륵 봄 고픈 소리
허기진데

오랜 기다림에도 지치지 않는
목련의 해맑음
정렬적인 봄 사랑
입맛 다시고

초록 물든 바람은 빨리 다가와
긴 포옹
선물을 풀어 놓는다

고향집

집 앞에 오니 고약한 바람이
녹 슬은 문짝을 넘어뜨렸다
아버지 가신지 삼년
가슴 저미는 이름 대답 없고

해마다 박 넝쿨이 덮였던 지붕을
올려다보니 소리도 없이
굵은 고드름이 눈물을 떨군다

그립던 자식 반가워
흘리는 아버지 눈물처럼

한참을 마루에 앉아 있으려니
까치 한 마리가 담 위에 앉아
내려다 본다
얼른 담배를 비벼 껐다

밤새 시조 가락

주정하기 딱 좋은 후줄한 비가
구성진 가락에 시조를 탄다

느릿느릿 취기 도는 시간 넘어
밤 도 둑처럼 마음 담을 타고

혼잣말로 익숙한 야밤의 투정
목구멍으로 들이밀며
쿨컥 쿨컥 삼키니 숨이 막혀

눈구멍은 매운 연기 쐬듯 눈물과
다시 뽑아내는 긴 한숨

밤새 후줄한 놈은 들어줄 놈을
만나지 못하고 질척질척
아까운 한밤을 취기에 쏟아버렸다

마른 꽃길

가을 길바닥으로
스치듯 떨구며 가버리는 생각
그 길에서 추억을 줍는다

드문드문 끊긴 기억과
부스럼이 된 상처의 흔적
새살 돋기를 바라며

들국화의 짙은 향기 따라 걷는다
끝없이 머언
누군가 기다리고 있을 것 같은
거기서

국화차를 마셨으면 좋겠다

어느 틈에

한해의 끝트머리에
매달린 시간을 허둥대며 센다
끝 트 머리 까지 살았다

열 손가락 다 꼽아도 아쉬움
의미 없는 셈
별 의미 없이 저도 간다

세상은 연말 분위기로 들뜨고
마음은 생각 많아 들뜨고
볼 벤 투정 그래도 시간은 간다

아마추어 농부

단맛 도는 훈김
믿을 만한 봄기운입니다
야옹이 볼기만한 텃밭에 씨 뿌리고
흙속이 궁금해 주변을 맴돕니다

떡잎이 쏘옥 머리 드는 날
농부가 된 것처럼
뻔질 드나들며 사랑 했습니다

빛도 기어 내려오는 더위에
가족이 되어 쑥쑥 잘 자라니
옥수수 먹는 건 시간문제
가을도 문제없이 행복 할 겁니다

웃었으면 좋겠다

흔들리는 버스 안
팝송, 눈이 내리네가 흐른다
혀 위에 추억이 꼬물대고

금방이라도 눈이 내릴 것 같은
창밖 넘어 회색빛 거리는
외계의 한 모퉁이 변두리 같다

딱정벌레 같은 겉 옷 속에
무언가 웅크려 감춘 것 같은
우리는 어디를 향해 가는가

종점까지 가는 동안 웃는 이
한사람도 보지 못했다

가을 산책

봄날 꽃 향을 좋아 하더니
아직 온기 남은 해질녘
가을 풀처럼
휘청 이며 길 나선다

가는 곳을 잊었을까
수탉 같던 바람도
낙엽더미를 맴돌고
숲은 한기가 들어 웅크린다

번듯이 하늘보기도 민망해
실눈 틈으로 슬쩍 보고
돌아서며 스카프를 여몄다

금방 물들일 듯 쫓아 내려 온
옥색 구름이
나 좀 보라며 훅 들어왔다

사색의 계절

폭 익은 가을이 등을 보이고
계곡에서 올라와 훑고 가는
안개 입김이 겨울을 부른다

마른 억새가 해 저녁 황혼도
외면 한 채 투정 하지만
모른 척 붉던 해도 제 길을 간다

키 작은 나무 가르랑 대고
등성이 너머 골짜기 따라
딩굴 다 부서지는 낙엽

나는 낯선 길을 서성인다
솜털만큼의
온기 남은 마음자리

수북한 그리움 어둠 내리니
날 세운 칼바람이 깊이도 든다

생각의 여행

가을 물든 마음 소리를 듣다
아슬 아슬 젊은 날들이
탄력 있게 다가와 간질이며 웃고

연한바람에 맡기는 포옹
공작 구름 위로 날 태운다
이색 미술관 같은 공간
많은 물감과 큰 붓을 든 사람들

조금 야윈 모습으로
그는 나무 그늘아래 서 있다
반쯤 가리고 선 키 큰 나무
흰 손으로 연신 쓸며 고백하듯

오래전 부르던 영혼의 위로를
천상의 아리아로 아 울며
내 가슴 관을 타고 조인다

온 몸이 흠뻑 젖어 눈을 떴다

눈물의 의미

늪지에 가을이 내려 앉는다
부대 끼며 마주 잡은
손끝의 아픔이
말갛게 덧나는

갈대의 은물결
바람 사잇길로 엿보이는
흔들렸던 만큼의 이별을 도리질하며
그렇게 또 스러지고 뒹군다

문턱 넘는 아린 계절의 여운
갈바람에 실려 보내는 애틋한
이 많은 단풍을 어쩌란 말이냐

차라리
원숙한 사랑 위해 내가 부서지고
젖은 눈을 위해 내가 울리라

방역

하늘땅이 계절을 잇고
자연 그림을 바꾸느라 분주하다
조바심 하던 봄
코로나로 꼭꼭 닫아걸었던
여유 없는 삶의 문을 똑똑

순찰 하는 봄
개나리 진달래 물들이고
빈 마음마다 노랑노랑 산수유
봄 햇살에 말랑해진 기분이 좋다

생각이 동그라미가 되고
애쓰는 의료진에게 엄지 척
여전히 희망을 낳으며 시간은 간다

외로운 할머니 사는 법

내가 보는 거기로부터 오는겨
얼마나 오는 길이 멀면 녹았을까
무슨 할 말이 있는 겨
그쳤던 눈이 다시 펑펑 쏟아진다
마음이 닮은 것 같다
눈 송아 내 맘이 그렇거든
들어줄 이 없는 우리 둘이 만날까
십번 종점 쯤 나즈 막한 쉼터
내가 그리로 나 갈게
우리 얘기 하자

내 마음 바깥으로 해 넘어 간지
오래 됐어

같이 산책 하실래요

하얀 꽃을 피어올린 냉이 꽃대가
벌써 철이 지나 밉살스레 서있다
생각할 겨를 없이
여름이 밀치며 앞서 간다

화석 같이 엉겨 붙은 묶은 것들은
아직 봄이어라 여름이어라 노닐 때
모르는 척 달리는
잰 걸음의 너는 아이라 세월이라

고적한 적적함도 삼키고
나이테 에 슬쩍 자존심도 버렸으니
가을빛 영금에
같이 익어 단내라도 났으면

들녘 뒹구는 텅 빈 외로움을 흔들며
가뿐한 바람이 귀 뜸하며 지나간다
지금이라는 선물을 받았으니
많이 행복 하라고…

3부

어릴 적 뒤란이 곱게 나이 든다

유혹

내 생각

살아 있어 좋다

라일락

더불어 산다

소리치고 싶다

생각 많은 계절

봄의 기운

천재 건축가

정거장에서

봄 캐던 날

빈집 증후군

가뭄

잠자리 남친

뒤에 두고

올림픽

날개 옷

운동회

겨울바람

숨 막히는 지구

녹차로 물든 시간

비 오는 날

기억 (아픔)

보고 싶다

먼 여행

유혹

가을이 빛에 구르며 색이 묻는다
바람도 숨 멎을 듯 유혹에 물들어
모았다 흩었다

이쁘다
새색시 볼 빛처럼 발그레 피는 산자락
물씬 내뿜는 더운 숨

달궈진 향취에 눈 맞추는 연인들
따끈따끈 동하여가고
사랑하기 좋은 계절

물든 잎 마다 사연이 구르더니
목이 싸한 아릿한 전율

내 마음이 벌거벗고 구른다

내 생각

어릴적에는
아직도라는 여유가 많더니
언제부터인지 벌써라며 깜짝 놀란다

파랗다가 빨갛다가 땅에 떨어져
아직도 벌써도 묻친다

대지의 가을이 낙엽까지 아름답듯
그래서 영혼의 정원에 눕더라도

누군가의 기억 속에
한 잎 낙엽이고 싶다

살아 있어 좋다

갸름한 버드나무 여린 잎
앙징스런 행복이 출출 늘어진다
키 작은 구름 너머로
물감질하는 봄 햇살

꼼지락 대는 만상이 색채입고
깃든 자리마다
하늘 향해 찬미한다

봄바람에 살판난 담쟁이
창틀에 줄기 감고 상큼 상큼
봄길 나선다

라일락

꼭 다물고 겨울을 견디던
라일락 꽃망울이
통통 살이 올랐다

봄이 만개하는 자연 길 따라
풋풋한 꽃띠의 숨결
몽롱한 꿈속 세포들이 깨어나며

몽환적인 보랏빛 절묘함이
심장을 간지리며 필 것이다

노란 햇볕 어우름에 활짝 핀 웃음
달짝 찐 향기 봄을 섞어
젊은 날의 향연에 초대 하고

코끝에 짙은 입맞춤으로
그대 품에 머물리라

더불어 산다

터울 없는 친구의 장난끼 같은
헛트름을 해대며
가을이 겨드랑이를 끼고
발맞추는 소리

보풀 같은 올 풀린 기억들이
휘청이며 방황 한다

하늘을 보니 쏘아보는 해에
감전 된 듯 노오란 어지러움
면역력 떨어진 영혼이 기진한데

금계국은 보란 듯 고개 반짝 들고
내리쬐는 빛에 도도하다

소리치고 싶다

마른 침을 삼키며
산마루 넘어 오는 가을소리
억새가 먼저 자리 잡고 앉은
늙은 산자락까지 찾아왔다

가을 향취에 구름도 눈감은 오후
바람의 간질임에
웃어죽겠다는 코스모스

세상 원수가 어디 있으랴 싶게
모두 그리운 숨
살아가는 기척을 내고 있다

생각 많은 계절

우수수 가을이 깊고
바람 드는 소리 서늘한데
이 맘 때면 번지는 희나리

스카프를 오므리지만
어찌 어깨를 감싸던
체온만 하랴

나만큼 늙었을
그는
이 가을을 어찌 살고 있을까

봄의 기운

봄볕이 가슴에 드니
사람이 생기가 충만하여
풍선처럼 난다

밑그림을 파랗게 칠하고 누굴까
통통 살 올라라
조리개에 봄볕 담아 촤르르
바람도 미끌어지는 산 등허리

보고 있으려니 쉬엑 쉬엑
웃음소리도 별난 바람
한바탕 따라 웃었더니

살찌는 소리가 들린다 내 영혼이

천재 건축가

밤사이 출렁대던 그의 집은
빗방울이 발을 매달고
주인은 늦잠을 잔다

투명한 줄에 매달려
흔들대는 은방울
햇님의 환한 빛이 반사 되고

여러 발이 매력적인 집 주인은
아마도
큰 먹잇감이 걸린 줄 알겠지

정거장에서

하늘에서 힘쓰던 바람이
노란 은행잎을 아스팔트 위로
내동댕이 친다

심호흡 하며 올려다보니
가을이 뚝뚝
길바닥이 심란한데

오라는 버스는 안오고
마른마음 포개지는 가을주름

무심히 내려다 본다
발밑의 세월을

봄 캐던 날

연녹색이 물든 밭두렁
봄바람 따라 소르르 나섰더니
마음이 깃털처럼 날고
자꾸 웃음도 따라난다

재잘재잘 티 없는 친구들
나물 캐며 이름도 외우던
그때의 머언 봄
어디 숨었다 이제 생각이 날까

씀바귀 소리쟁이 명아주
들 냄새 수북한 바구니
버들강아지 숨어 놀래 키더니
아직 거기 들녘에 머물려나

빈집 증후군

수많은 애증의 기억이
엉켜있는 둥지를 박차고
넓은 세상으로 힘차게 난다

언제부터 였을까
새빨간 역류를 토하던 때가

숨 가쁜 부레는 파장이 버겁고
수수깡 같은 메마른 틈으로
노란 현기증 빈 몸을 흔든다

훨훨 어딘들 날지 못할까 만은
빈들에 섰는 나를 못보고
보이지 않았다

가뭄

불똥이 튀는 한낮
고춧대는 마른 몸 못 가누고
망 촛대 군락은 꼿꼿한 마른 꽃

하얀 부추 꽃이 자존심 지키려
안간힘을 쓴다

까맣게 그을린 해바라기
한줌 그늘이거나
너댓줄의 빗줄기를 소원하며
중얼 중얼 손 모으고

어린 코스모스는 기대고 싶다
길나선 바람도 정자에 들어 눕고

잠자리 남친

내가 너를 만나러 오기 전에
벌써 피었어
코스모스가 올려다보며 웃는다

나 좀 봐
기다리다 목이 길어 졌어
내 꽃잎에 앉어봐 행복하게

온몸이 빨갛게 물든거보니
네 모습이 참 어여쁘다

바람과 구름도 자연 멋진데
날개 펴고 비행할 때
너는 더 멋져

뒤에 두고

산길을 내려간다
머리에 얹은 하얀 리본
가슴에 회리바람이 분다

낡은 세월
눈에 익은 목도장처럼
많이도 찾은 앙금같은 이름
어미의 아픈 삶을 더듬는다

갈림길에 밟히는 눈물
늙은 소나무 허리춤을 움키고
올려본 낯선 봉분이여

아! 어찌 모성의 손을 놓으랴

올림픽

한국의 겨울은 하얗게 눈부시다

하얀 겨울을 장작더미
불꽃으로 사르고
그 열기 불기둥 된다

용광로처럼 끓어 토해내는 함성
대한민국

땀을 통으로 쏟으며
자기를 이기고
나라에 바치는 장한 이름

대한민국 국가대표 선수

날개 옷

긴 잠에서 깨어
돌돌 말림이 기지개를 펴는
마지막 우화의 순간

눈물의 금박무늬 촉촉이 배인
화려한 새 옷
떨어질까 나뭇가지 꼭 잡았다

춤을 추듯
여러 번 펄럭이더니
힘차게 날아오르며 하는 말

정말 보고싶다 내 모습
얼마나 예쁜지

운동회

땅!
분교 운동장에 너댓명의 아이들
흙마당을 달린다

잠자리는 아이들 머리위에 날고
구름도 정신없이 따라간다

속도 내는 잠자리와
힐끔 올려보며 휘청이는 둘째
막내는 잠자리 채를 갖고 뛴다

야 이학년! 이건 반칙이다 반칙
목청 높이며 교장 선생님도 뛰고
누가 이겨도 재밌는 동네 어른들

이겨라 이겨라

겨울바람

아무도 문을
열어주지 않아 방황 합니다
서럽고 무서워 엉엉 울면
그 소리에
더 단단히 잠그고

모퉁이에 잠시 숨 고르면
골목부터 어두움이 쫓아와
다시 쌩쌩 달립니다

너그럽게 보이는
신사 코트 속으로 들어가려니
넥타이에 단추까지 빈틈이 없고

거리는 방탄 패딩 물결
노숙자는 밤새 돌아 다닙니다

숨 막히는 지구

아스팔트 열기가 온 몸에 둘려
마스크로 덮은 내 답답한
숨구멍 들은 환기구를 못찾고
한낮의 정거장은 열기구 안 같다

치과 가는 버스를 기다리며
마라톤 선수처럼
가쁜 숨을 몰아 쉰나고
훨훨 타오르는 문자를 보냈더니

착한 벗님 냉큼 답글을 띄웠다
아유 이렇게 더운 날
가만있어도 더운데 밖엔 몇배로 덥죠
천천히 숨 고르면서 다니세요

뜨거운 속을 덜어 내니 조금 낫다
참 사람 간사하기는

녹차로 물든 시간

주인의 쎄련된 생각이
계절 틈새에서
색들의 끼가 고혹적인
뒤란을 들여다 놓고 차를 마신다

하나 같이 수줍기도 하지
겹 매화 휘 늘임에 마음 매달리고
바람 품에 휘감기는 미스 김
아양 떠는 보라 향이 좋다

오래된 키 큰 나무, 겯 살이 둥지
암컷은 숫컷 불러 배 불리며
주둥이로 콕콕 무엇을 헤일까

산수유 밑에 담쟁이와 같이 늙는
유물 같은 돌절구
어릴 적 뒤란이 곱게 나이 든다
물들었을 나도

뒤란을 놓고 나와 거울 보러 간다

비 오는 날

어떤 사람은
비 오는 날 술을 찾고
어떤 사람은
그냥 비를 맞는다는데 말예요

굳이 누구는 아니겠지만
나는 비 오는 날이 좋습니다
마음에 낯가림 없어 좋고
멍하니 그리운 이 생각해 좋고
케케한 미련 씻기는 것 같아
좋습니다

마루 끝에 앉아 생각합니다
저 빗방울만큼
이제껏 본 것 상관없이
오늘은 더 많이 보고 싶다고

기억 (아픔)

아무 말도 하지마
그리고 잠깐만 들어봐
누구의 심장소린가
두근대며 달아난다

너의 미소
머언 거기쯤일지라도
웃는 의미 알고 있어
느끼기 전에 늘 날아갔지만

전에 말했었지
추억은 슬퍼도 아름답다고
기억에 부스러기들은 여전히
마음에 생채기를 아퍼해

소리 안 들려

보고 싶다

걷다보니 호젓한 들녘
저만치 기다리고 섰는 네 모습
야윈 어깨 석양을 등지고

손 내밀고 웃지만
애잔히 배어나는 외로움
보고 있음 혼자인거 알아

오버랩은 가슴을 차지 한 채
아픔의 마중물인 너
언제쯤일까

우리가 만날 수는 있을까

먼 여행

기다리다 힘든 어느 날
네가 찾아와도 알아보지 못한다면
어떡할까

그러나 울지 마라
너를 못보고 먼 여행 떠나더라도
서운하다 하지 말고
미안하다 말하지도 마라

부질없는 자책에 오래 머물지 말고
일어나 하늘을 보려 므나
저 하늘 아버지 집 일 것이라 믿지만

그러나
많이 보고 싶을 거야 아주 많이

4부

바스라 지는 수렁 같은 연민

생각 1

생각 2

다정한 이웃

나도 한 몫

혼자 앓는 병

무지개 위에서 (옛 친구)

꽃 시절

조기 박사와 시인

그는 누구인가

손 좀 잡아 주세요

누리며 살자

늙어도 촉새

보약

사랑 한다 아가야

바람 뜰

민폐

이별은 그렇게 오고 (친정 엄마)

그가 붓을 드셨는가

별 바람

들어볼래요

할머니 꽃 바지 1

할머니 꽃 바지 2

음악 감상

비밀

신선이 기죽네

생각 1

회청색 하늘과 하얀 세상이
이별한 친구 같이 우울하다

눈꽃이 여친처럼 흔들며 내려오고
대자연의 조각가는 밤새
네 맘 내 맘 드는
조각들로 날을 새며 골돌하다

고뇌에 찬 그리움엔 핏발이 서고
기다림이 무의미한 침묵

애증의 연민을 눈밭에 던진다

생각 2

비라도 내릴 것 같은 회색 어둠
스산히 깃드는 그림자
메마름에 풀 죽은 널 숨어 본다

해지는 마당 뜰을 서성이다
옹크린 마음 그대로 한기가 들고

덜컹 대는 차창에 부딪치는
빗살 같은 허무
바람 든 무처럼 속이 휭하다

추위도 아닌
쑥물 같은 이 한적함에

종기 같은 그리움이 덧나고 있다

다정한 이웃

초승달이 우울하다며
돌아앉은 밤에
천사의 숨결처럼 쓸어주던 바람
도란도란 위로 한다

움푹한 배를 가리고
비스듬 누운 달
눈꺼풀 을 못 이긴다

반짝대며 다가온 별님의 속삭임
누워서 자
세상은 내가 비출게

나도 한 몫

봄이 기지개를 펴는
아침 산을 오른다
중천 오르던 해도 송글 땀이 맺고
낮게 뜬 새털구름은
그늘 쥐고 총총 따라 붙는다

건들대는 목청 풀피리 물고
삐리리 삐리 숨차도록 불면
산울림으로 내달리는 화음
추임새 넣는 산새들 어우려 날고

어느새 실개천이 등골을 탄다
들꽃들이 뽐뽐 제 멋 내는 동산
여기는 자연 갤러리

혼자 앓는 병

답장이 오리라는 생각 없이
모르는 사람에게 편지를 쓰고
사색의 동산에
그대를 초대 하고 싶다

뒹굴며
바스러지는 수렁 같은 연민
마구 잡아 흔드는 마음은
문빗장이 고장 나고

땅바닥 발 내린 젖빛 구름 꽃
볼 비비며 위로해도
오늘 내 가을 숲은
외로움이 내려 앉는다

무지개 위에서 (옛 친구)

날개 펴고 한참을
구름처럼 바람처럼 훨훨
머무는 곳이 어디면 어떨까

별무리 속에
어디서 본 듯한 낯익은 거리
네 손 놓치고 한참을 헤맨다

소낙비 쏟아낸 하늘
내 어릴 적 오르던 무지개는
살구나무에 걸쳐
까치발 든 날 끌어 올리고

좋아하는 살구가 노랗게 익은걸
하나 따 먹었다
내 손을 잡은 너는 거기 있었고
다시 어여쁜 네가 보인다

꽃 시절

경운기에 봄이 실려 왔습니다
꽃향기 가득 담아
행복 익는 글벗 창가에 걸어두고
마음 살피며 숨어 웃습니다

봄 타는 영혼의 악기인 듯
시를 읊조리는 낭낭한 음률
톡톡 싹 틔우는 자양분이
아구까지 찰랑 대고

터프한 바람 꽉 잡은 라일락은
우아한 봄의 사절단
후우 향기 진동 하는 곳
여기는 시인의 집입니다

조기 박사와 시인

멀리 출렁이는 바다
신바람에 서성이는 부둣가
비릿한 냄새가 부표처럼 흔들린다

어시장 아주머니 함지박은
조기 새끼 수북 담긴 바다
사람들, 와 크다며 지나가고

친구야 잘나고 싱싱해 보이지
보는 관점을 넓히라 글을 쓰려면
눈을 치켜뜨고 듣던 주인

조금까지 살아 눈이 껌벅댔다며
족보에 출생, 미끔한 인물까지
열변을 토 한다

우리는 시의 소재를 본 것 뿐인데

그는 누구인가

어둠이 박쥐처럼 내리는
온기 없는 공원 벤취
가랑잎 닮은 노인이 앉아 있다
소녀상처럼

검버섯이 거북등처럼 덮인 손
흰머리에 얹힌 분홍색 모자를
습관처럼 꾹꾹 누른다

가로 세로 엉킨 주름 얼굴
아들이 입다 벗은 듯한 헐렁 바지에
맨발에 걸린 찌든 슬리퍼는
퍼렇게 멍이 들고

누가 알았으랴 시대의 자화상
바늘 귀 만큼 남은 흙색 황혼
초승달만 마주 보며 지키고 있다

손 좀 잡아 주세요

때도 없는 허기
어제도 오늘도 까마득하고
문턱 없는 오버랩은
꺾인 시간 속 실타래로 엉킨다

엉뚱한 실오라기 하나 잡고
재밌게도 하는 혼잣말

간간히 방황하다 주춤
가다 서다 운다
빙판길 아이처럼

늙어가는 길은 처음인데
돌아서도 낯선 길
온 길도 가는 길도 몰라요

누리며 살자

그는
인생살이 지루하지 않도록
때마다 계절을 바꿔 주신다

하늘도 날마다 같은 하늘이 아니다

이일에
우리가 힘쓰고 애쓰지 않더라도

그분은
한 번도 잊어버리거나
실수하지 않으신다

늙어도 촉새

웃는 모습 어제와 같고
화장도 잘된 날
동창 회원들 인사가 반갑다

보름 전 남편을 보낸 송○숙을
위로하느라 말소리들이 커지고
힘들거라며 달래 주는데

어디나 하나쯤 있는 배부른 사람의
기름 벤 목소리
어차피 인생은 혼자라나

아~ 우리의 촉새야 철 좀 들어라
흔해**빠진** 그런 말 말고
메마른 꽃에 물조리개를 드는
그런 마음이 그립다

보약

걸음보다 미소가 먼저 오는 울 애기
사슴 닮은 초롱 눈이 할미를 알아본다
빨리 안고 싶어 가슴이 탈랑 탈랑

덮석 품에 안고 얼른 속삭였다
보고 싶었어 울 애기
얼마나 많이 보고 싶었는지 몰라

가슴이 콩당콩당 뛰며 듣고 있다
들깨 알 만한 콧구멍으로 더운 숨이
들랑날랑 산소를 들이고
긴 속 눈썹은 할미 입김에 날린다

고개를 돌려 눈 맞추더니
침 한 방울 흘리지 않는 꽃잎을 열어
할머니~할머니를 불러 보약을 먹여준다

친구 핸드폰이 울린다. 악보도 없는 코 맹맹 소리 들으니 손주다
유난스럽게 옥타브를 높여 음계를 뛰어 다니다 꼭 한 소리 듣는
내 말로 손주 바보. 그렇게 입뻐 물었더니 손주 낳아 보란다.
나는 할미 된지 3~4년 된 초보다. 그 친구 앞에서 손주 예쁘단 말은
쉿! 그런데 예쁘기는 정말 예쁘다.

사랑 한다 아가야

하얀 피부 짙은 눈썹
낯가림이 없는 대인 관계
눈빛으로 말 할 줄 아는 속 깊은 아이

처녀도 쑴풍 낳고 싶은 충동을
오골 오골 느낄 만큼 인기 짱 연우

최초의 말이 아 입뻐 였던
국어를 사랑하는 세종대왕 같은 아이

꽃술 찍어 제 코 한번 할미 코 한번
자연을 전히는 신림부 장관 같은 아이

교인들과 마주치면 꾸벅 인사 하고 보는
겸손한 성도 목사님 같은 아이

지나며 눈 맞추는 사람 다 웃어 주고
엄마 또래 여자는 무조건 따라 가는
정이 많아 위험한 아이

어디서나 재목감이 돋보이는
귀염둥이 재능 둥이
가정의 행복 둥이 네 ~ 맞습니다

네가 아주 작은 아가였을 때 할미네 꽃밭에서 꽃을 사랑하며 말을 배웠지
그런 시간을 자주 같다보니 어느 날 첫마디 말문을 연 말이 아 입뻐였단다
듣고도 믿을 수 없었던 내가 얼마나 기뻤는지 ...
너는 돌 지난지 얼마 안 된..말이라는 걸 해본 적이 없는 아가였는데 말야
너를 많이 사랑 한다.너를 지키시고 복 주시는 이가 평생에 건강과 행복을
책임져 주시기를 축복한다

바람 뜰

사방은 조용하고 하늘은 푸른
공원길에 들어서니
모양 잃은 벤치가 우두커니
하늘과 마주 보고 있다

말동무라도 하려고
스커트를 오므리며 앉으니
머물다간 햇님의 온기가 느껴 오고

소란스럽지 않은 저만치
가을 섞인 초겨울이
바람 뜰을 밟으며 여간 자분하다

문명의 족쇄 벗고 단풍위에 꼬물락
한발 내 디디니
온화한 바람 뜰에 그냥 섞인
자연인 것을

민폐

하루 종일 서재에 콕 박혀 있다
커피 한잔 들고 맨손 체조라도 하려고
마당을 내려서며 잠시 허리를 펴니

여러 줄들을 어지럽게 서로 묶어
하늘에 늘어놓은
빨래판 같은 굵은 전선들이 밉살스럽다

전봇대 밑엔 들 고양이 서너 마리
될 대로 되라로 마구 먹어 배는 살인지
막달인지 모르게 늘어지고

느물느물 걷는 걸음이 건방진 저 놈은
나를 아는 동네 바람둥이 수놈 인데
재들 손 댄 게 또 너냐
슬쩍 눈을 흘겨보며 그냥 지나간다

아니 저놈이
대문 안에서 내다보는 마음이
부글부글 자존심이 상했다

이별은 그렇게 오고 (친정 엄마)

날씨가 젖으니 마음에도 습기가 찬다
오랜 장마 탓인가
집 전화도 핸드폰도 받지 않으시고

구십일세의 친정 엄마가 기척이 없다
덜컥 심장이 떨어졌다 붙고
또 이별을 경험 한다

어느 날 있을지 모를 방정맞은 생각에
기계음 저 너머 들려오던
목소리가 궁금하다

빈자리 아림이 그늘지고
원래부터 없었던 빛처럼
그렇게 소리도 지고 있다

이별은 그렇게 오는가

그가 붓을 드셨는가

곱게 물들이며 회전하는
세 번째 계절
그대는 이 가을 잘 있나요

떨어지는 낙엽만으로도
가슴 저리는 계절
보이지 않는 담 너머로
만날 수 없는 정은 케케 묻히고

가을 섞인 국화 향마저
살가움 없이 십일월을 넘어도
달라붙은 연민은 수탉 홰치듯
허공을 납니다

안부가 궁금한 아린 끝트머리에
갈 옆서 딩구는 사이로
서릿 서릿한 저녁 바람이
갈대인 듯 흔들어 댑니다

별 바람

반딧불이를 잡아 손바닥에
올려놓았더니
잠시 꼬물대다 휙 날아간다
반짝이는 꽁지에 눈을 박고
밤하늘을 따라 간다

누군가 금빛 홀을 쥐고 번쩍하더니
바람 미끄러지는 저만큼
별 하나가 떨어졌다

깜짝 놀란 별무리가
바람을 일으키며 쫓아가지만
반딧불이도 별 하나도 없다

밤새 이야기 꽃 질줄 모르고
아름다운 여행이 될꺼야
친구를 응원하며 반짝 반짝
돌아오는 길 환하게 비추고 있다

들어볼래요

해마다 돌아오는 추운 계절이면
가슴이 꼬집히고 있는 거처럼
새나오는 신음소리
다시 아픔은 침묵을 강요하고
가슴은 붉은 반점으로
감각 없이 살아있다
한조각 빛을 그리며 양지를 찾으나
오래 살아도 따뜻하지 않다
세월 다 가고 흔적도 없는 빈자리
늙고 보니 내자리가 없다
따뜻함을 그릴수록 차갑게 멀어지는
나는 누구?
누가 날 사랑 한 적이 있기는 한걸까

땅이 땅땅 언 겨울에 너는 갔어도
나는 살아남아
버들강아지 송송 자라는 봄을 본다
붉은 반점 꽃 피지만 흰 수건 덮고

할머니 꽃 바지 1

가을 들녘이 맛있게 익어간다
나이테가 들녘같이 둘린 울 엄니
갈걷이로 얼굴이 깜장 콩이다

흙 마당에 펑퍼짐 앉은 꽃 무더기
걷어낸 고구마 줄기를
날씬하게 다듬는다
오동통 한 것이 아삭 소리를 낸다

먼발치 일 잘하는 며느리
튼실 다리 쿵쿵거리며 낙엽 콩잎을 따고
한걸음 반쯤엔 다섯 살짜리 손녀딸이
밭고랑 같은 뒤통수를 보이며
어미 곁을 맴돈다

엄니 올해 콩잎에 낙엽이 일찍 들었네여
오야 많이 따거래이
저녁상에 가을을 차려 보자꾸나

할머니 꽃 바지 2

아가 밭두렁에 할미 좋아하는
꽈리 쭈무르지 마레이
조용~

할머니~이
숨넘어가게 부르는 소리
와 또 개미가 소풍가나
낑낑 고사리 손 힘이 빠졌다

고구마 잎에 묻힌 꽃섬 코앞에 두고
쩍 소리를 내며 갈라진 늙은 호박
놀란 눈이 밤하늘별처럼 반짝인다

주홍색 속살 가지런한 황금 씨
저녁때 할머니랑 같이 먹을려구요
아가 우째 이리 무건 것을
에미야 젓국 넣고 호박도 짖어라

음악 감상

어디선가 흥얼흥얼
허밍으로 들려오는 멜로디가 좋다
빈 마음자리 까지

새들의 재잘임 같던
시냇물에 폭 섞인 웃음소리
눈, 귀가 호강하며 꿈 열차 탄다

생각은 여행 중인데
땅거미 얼룩지고
노을빛 일지 쓸 즈음
휘바람 불던 바람이 말을 건다

좋아 한다고 네가 말 했었지
노을빛은 넘어 갈 때의 광채가
가장 아름답다고

맞아 바람님 바로 지금이네요 와아~
근데 말하지 않고 보기!

비밀

아직 진달래가 피기 전
이별은 숨 죽인 새벽처럼 다가와
까맣게 덮쳤다

가슴에 박힌 못은 무시로 덧나고

너와 나만의 추억
철따라 아름다운 자연 속에서도
멈춘 단 한가지 시크릿 아픔

이름만 맴돌아도 가슴이 아리다

나는 종달새처럼 살지만
아직도 느끼는 그 계절의 아픔
내 마음 울적에

너는 어디에

신선이 기죽네

여름 그까짓꺼
시원히 날 방법 얼마든지 있지

복짝대는 꾸정물에다
돈까지 내며 고생 말고
지가 지나 내가 이기나 해보지 뭐

빨래 줄에 우산 하나 묶으니
서늘한 그늘이 아주 좋아

물호수를 척 걸어
찢어진 우산 구멍에 끼고 올려다보면
기가 막힌 폭포

넓은 함지박에 좌정하니
물의 정기가 정수리로
소낙비처럼 쏟아진다

5부

턱 고이고 보는 구름의 곁눈질

생명
글, 멋
하나만 선택해
나도 가을
살다보니
두 돌 지났어요
늦둥이
낙엽의 안식
영정 사진
한방 찻집
다시 살고 싶다
만날 수 있다면
네 자리 있을 때가 예쁘다
두 마음
토네이도
이 다음에
나도 가을이면 좋겠네
이것이 전부일까
숫컷의 일생
슬픈 꿈
시동은 켜있다
내가 젤 잘나가
창 밖 넘어
예쁜 몸짓 (몽00점)
친구

생명

태어나 처음으로 한일이 달리기
본능으로 물을 향해 달린다
길고 머 언 모래사장

공중에는 왕 마귀 발톱과
검은 천막 같은 날개가 덮쳐
콩 주워 먹듯 한입 거리로
맛있게 쪼아 먹는다

바다가 넘실넘실 마중하며
새끼거북 응원 하지만
더 가지 못하여

장갑차 같이 어마 무시한 게가
찝게 발로 목을 물고
구멍으로 끌어 들인다

살아 있다고 발버둥 치지만

글, 멋

리본 주름 접듯 선홍빛 맨드라미
접힘 사이사이의 곡선이 아름답다
그 위에 고추잠자리
반짝 들린 꽁지의 곡선은 두근대고

코스모스 손톱 끝처럼
가만히 치장 하는 속사연
그리움 이라는 글자의 밀착이
폭 안긴 그대의 코트 속 같다

가을이 뻘긋 대며 물드는 소리에
쿵쿵 뛰는 심장
예민한 선이 미끌어진다

하나만 선택해

고시 공부 하는 늦깎이 학생
올해가 삼수인데
여친은 날마다 재촉하고

게으름이 기지개를 편다
공부도 안돼 연애도 안돼
될 성싶은 것들은 담을 쌓고

처음처럼만 외치며
처음처럼만 찾아 취하는 너
처음으로 돌아가 희망을 만나렴

지금 행복하지 않으면
네 나이에 어쩌냐

나도 가을

바람이
왜 저렇게 바쁜지 모르겠네
하늘색 구름이
턱을 괴고 내려다 본다
다이어트로 갈대는 야위고

뒤꿈치도 가린 내 능금 빛
드레스처럼
폭넓은 가을이 농익어간다
울렁대는 내 속 뜰은 타들고

유혹의 늪으로 빠져드는 노을아
색색이 물들어 취한 동산아
이 가을밤 속 뜨거워
어찌 잠들꺼나

살다보니

날이 선선하니 멋 내기 좋은 날
화장도 잘 먹어 내 눈에
오년은 더 젊어 보인다면 좋지
그대로 믿고

오지 않은 내일보다 오늘이
젊은 것은 사실이지만
마음부터 실속 있게 젊어야지

넉넉한 미소 부자가 돼봐
많이 웃으면 웃을 일이 자꾸만
생겨, 행운이 따르지

앞에선 줍고 뒤에선 따라오는
그런 행운 말야 좋겠지

두 돌 지났어요

삼월 초 두 돌이 갓 지난 송이
쌍꺼풀 없는 백만불짜리 눈에
겨울동안 머리가 자라 더 예쁘다

어떤 옷을 입혀도 맵시가 최고
모자까지 잘 어울리는 앙징 매력
명품 코디는 며느리다

더 빠져들게 하는 매력은
할머니들을 좋아하는 착한 손녀 딸
활발한 성격에 겉모습은 천상 여자

눈앞에 자라는 꿈나무가
배부른 행복을 안겨 준다

늦둥이

추녀 끝 매달려 웃는 철지난 박꽃
아등바등 꼴등으로 피느라
얼굴이 하얀가 보다

쉬운 에 임신한 큰 동서가 생각 난다
불룩한 젖가슴 둘레로 쫄망쫄망
아직 덜 자란 한 태의 형제들

박 넝쿨도 너 댓은 매달고
사람도 박 넝쿨도 올해는 풍년
생명은 복으로 우애는 덤으로 꾹꾹

물론 행복이
모자란다면 청구 해보세요

낙엽의 안식

먹구름 심술에 낙엽이 후두둑
바람이 붙들고 밀어댄다
웅크리고 가다 보니
젖은 몸이 점점 춥다

사면에 허다히 누운 친구들
가다 서다 쌓인 더미
은행나무 밑 차량으로 옮긴다

자연의 거름이 되라는 누군가의
우렁찬 소리
순리 거슬림 없이 고개 숙인다

영정 사진

유채색 시간들을 추스리는 기억
긴 그림자 조각의 날을 세며
남은 이들이 바라볼 나를 새긴다

넉살스레 옥타브 높여
앞을 보라는 아들 같은 사진사 말
보이는 척 늙은 눈꺼풀 힘을 주고

사후에 움직이지 못할 것을
조금 눈치 채게 하려는가
잠시 가만!
가만있으라니 꼼짝없는 박재

여기까지의 삶을 장사 지내며 찰깍
온 전신에 퍼진 그리움은 벌써
유체이탈
사진관 넘어 살점들이 기다리는
집으로 달려간다

한방 찻집

들꽃 예쁜 정원에
한방차 향기까지 섞여
가을이 뿜뿜 분무질을 한다

풀섶 쓸던 바람은
초록 물이 들도록 코를 박고
화려함이 한 몫 하는 무당벌레
긴 잎 자락에 올라 작두를 탄다

활처럼 매달려 흔들리다
힘도 못줘 본체 툭
뒤집혀 떨어졌다

발버둥 치는 걸
엎어주며 말했다
이제 놀러 와도 작두 타지마
니가 무당도 아닌데

무안 했는지 입이 쑥 나왔다

다시 살고 싶다

웅크려 뻗은 다리가 퉁퉁 붓는다
꽉 낀 속옷을 입은 것처럼
테라리움의 저린 삶
기억은 장식을 깨고 숲을 달린다

가두어진 뿌리까지
껍질 벗겨진 달팽이처럼 목마르다
맨살의 고된 삶이 쓰디써
유리 감옥이 깨지도록 발길질을 한다

떠내려가도록 비나 쏟아졌으면
흙냄새 배인 자연 숲
숲의 새들 노래하는
거기까지 달려가고 싶다

만날 수 있다면

바람의 기우름만큼 너머에
기다림의 모습을 본 듯한
두근거림은

발걸음이 하늘을 디딤처럼
휘청이며 가볍다 아니
물방울이 앉을 자리를 찾아
공기 속에 떠있듯

자작나무 사이 쏟아지는 햇살
노을은 붉은 고백을 뿜어
앙금 문양을 지운다

굴레를 벗으면 잃은 것이
진정 시간뿐일까
오래전처럼
가슴이 노루처럼 뛴다

네 자리 있을 때가 예쁘다

능소화 꽃이
보살 집 담 허리를 휘감고
세상을 구경하려 넘겨다 본다
사람마다 눈 맞춤 제멋에 겨웠더니
화려함에 스스로 감탄
코끝이 높이 들렸다

비웃던 바람이 세찬 비를 몰아와
한 바탕 쏟아 부었더니
이튿날 아침 우수수
선녀보살 집앞은 붉은 피가 낭자하다

사람마다 안쓰러워 쯧쯧
벌써 지다니 아까워라
처녀 순결 잠깐이라니까
네가 정말
예쁠 때는 나무에 붙어있을 때였어

왕궁에나 심겨졌음 좋았을 것을…

두 마음

이별 통보를 받은 날처럼
마음에 습기는 증발기미도 없는
아주 가끔 어떤 날처럼

노래를 부르면서도 눈이 매운
슬픈 앙금이 기진해 눕는
그런 날

빛은 그늘을 드리우고
순환이 엉키는 낯선 조임은
방황의 늪을 허우적이고 있다

숨어 우는 가시나무 새
빨간 가슴 비마저 내린다면
그런 날은 아주 조금만

기억해 주었으면 좋겠다

토네이도

별들이 꽁꽁
얼음 포기에 핀 노랑꽃이 똑
떨어 질 것 같습니다

덜덜 떨며 내려다보니
서리꽃이 몇 분 만에 지기도 하고
하늘 땅 사이 용수철은 팽이처럼
회리바람으로 바스라지며 돕니다

장엄하게 휘몰아치는 세찬바람
그것을 견뎌내는 혹독한 새들
늑장 부린 두루미 갈 길이 막혔으니
하늘 길도 물길도 섞었다 끊었다

백발 거목 섰던 산천도 휘청
세상 놀라고 무서워 주인의 손을
꼭 잡았습니다

이 다음에

푸르른 날에
우린 꿈을 꾸었지
쏟아질 만큼 별 많은 밤에

문득 생각나 돌아본다
들꽃 향기 타고 스미는 그리움
어디 만큼 왔나
얼룩진 마음 길

흔적 남은 깊은 자리에
웅크린 기억
다음이란 약속은 강산을 넘고

후~우 바람만 옅어도 너의
온기처럼 가슴에 앙금이 인다
아직도 유효한 약속 인듯 질긴…

반백에 세월
볼우물 포개진 입맞춤이
손 흔들며 날아간다

나도 가을이면 좋겠네

해 저녁
노을 품에 쉬는 가을 옆
낡은 벤취에 가까이 앉았다

만추에 들과 산이 아름답지만
한적한 공허 속에
호수 하나 들어 앉는다

우두커니 내려다보는 호숫가
물비늘 잔잔히 몸 부비고
생각 많은 속 뜰에
잘 익은 가을이 뒹군다

풋풋한 시절 널 잊지 않으려
늘 해진 기억을 촘촘히
박음질 하며 기워낸다

이것이 전부일까

색색물감 풀어 무늬를 놓고
홀로 가녀린 들꽃 잎까지
빨긋빨긋 멋들어졌구나

한 뼘 논바닥도 제철이라
벼 이삭을 익히거늘
인생이 어찌 황혼을 비켜설까

가을이 바람 앞세워 등 떠미니
이길 장사 없이 잔설이 덮히고
내 새파랬던 청춘
멀리도 와서 보니

허리 굽어 뉘엿한 지팡이 짚고
뉘 먼저 가신 길인가
울어 붉은 얼굴
산 꼭지 너머로 숨네

숫컷의 일생

멋과 힘 매너까지 갖춘 청춘들
모두 짝을 만나기 위해 모였다
산중 그들의 멋진 영역에서

공기 주머니 크게 울리며
신들린 몸짓 구애의 춤을 춘다

암컷의 꼼꼼한 심사 계속 되고
안달 난 숫컷들과 먼저 반한 암컷
꼬리를 치며 숲으로 든다

수명이 얼마 남지 않은 것 같은
나무 한그루 목이 파란새

알 품고 있는 암컷 불러내
젤 좋아하는 먹이를 건네준다
날름 받아먹고 쏙 들어가니
곧장 노래를 부르는 숫컷

밖은 안전하니 염려 말라고

슬픈 꿈

길 따라 나선 들판 저 멀리
구름 걸친 나무숲이 숨 쉬는 그 너머
신비로움의 하얀
울타리 안으로 이끌리고

처음 밟는 작은 동네를 기웃 대는데
보이지 않는 내가 이상하지도 않고
꽃씨를 뿌리는 농부를 만나
시절을 말하며 많이 즐겁다

가마히 보니 살아있음이 감격하여
소리치고 싶은데 눈물이 난다
긴 하루가 지나고 꿈인가?

비탈로 쏟아져 내리는 별빛아래
절규하는 숨! 숨!
신음이 흐르는 물에 섞이고
낯선 언덕 왜 오르는지 힘겹다

맞은편 비탈에 웅크려 앉은 여인
눈길도 없는 무표정
숨 막히는 안타까움에 애간장이
다 녹아 마음 주름 펴지 못하고...

시동은 켜있다

대학병원 셔틀버스 정거장
기다리고 있는
버스를 향해 잰 걸음
쿠션에 엉덩이를 붙이고서야
과부하 걸린 심장의 소리를 듣는다

언제부터 출입문은 열어 놨나
바뻐요 바뻐요 하는 엔진 소리
내속에선 나도 살아요 나도 살아
경쾌한 리듬으로 대답하며 웃는다

생각을 깨는 옆 자리 할머니
핸드폰 쥐고 내말만 하느라 애 쓰시고
기사는 동료에게인지 약도를 말로
그리느라 시끌시끌

이제 출발 할까 발고락 내 딛는데
차 앞에서 다리 장애 아저씨가
어렵게 흔들리며 손을 든다
그는 탔다. 그래 이게 사는 거야

난 지금 별난 인생 수집을 하고 있다

내가 젤 잘나가

들러리 준비하는 멋쟁이 나무들
설화를 어여삐 매달고
으쓱 옷이 날개라며 중얼대는데

우르르 운동장으로
남학생 대여섯 명이 뛰어와
손놀림 재게 눈덩이를 굴린다
생김새는 누가 봐도 남자 여자

꾸깃한 도시락 보자기
여자 머리에 씌우고
빨간 크레파스 토막은 도톰한 입술
굴려온 남자 사이 좋게 세우고
나무로 우뚝 코, 머리는 민머리
작은 돌 눈이 쫌쫌해 보이긴 해도

와~~ 짝짝짝
눈사람 부부 태어 난지 십분 만에
결혼을 합니다
주례는 반장이 서고 덕담도 제가 합니다

넘 뜨거우면 빨리 녹는거 잊지 마시고
물이 되도록 변치 말고 사랑 하세요
신랑 신부 퇴장

하객님들
들러리 나뭇님들 오늘 폼 멋져요
단체사진 찍고 눈길 안녕히 가세요

창 밖 넘어

느림보 기차 안에서
노을이 그려지는 창밖을 봅니다
신비롭게도 쌓인 구름 작품이
하늘 끝에 걸려 붉게 탑니다

하늘땅이 맞닿은 곳 저기는
아마도 신의 영역
빛들의 공간일지 모릅니다

감탄이 뭉클 마음을 놀래키고
무력한 인생 잠시
숙연한 찔림에 울컥합니다

견고히도 쌓아올린 바벨탑
번지르한 어제라는 비밀 속에서
숨었던 모습을 끌어냅니다

기차는 어둠으로 시간을 끌고 가고
덜컹거리는 고백은
옹달샘을 퍼올립니다

예쁜 몸짓 (몽○○점)

흙 담긴 사각 화분을
가까스로 끌어다 놓고 올라섰다
빨래 줄이 높은 옥상에
긴 커텐을 훌훌 털어 널다 말고

올려다본 하늘이 눈부시게 하얗다
뉘 집 아인지
금방 씻겨 뉘인 아기가
홀딱 뒤집기를 해 엎어졌다

뽀얀 볼기에 삼신할머니 손자국
시퍼런 멍이
뭉기적 뭉기적 기어간다
납작 발바닥도 밍글며…

거참 이상도 하지
어디서 봤나 생각이 가물 하더니
맞다 우리아들 엉덩이

장난 치고
발짓 하는 것이 꼭 닮았네

친구

어릴 적 뛰놀던 고향 냇가
아카시 꽃은 송이송이 매달리고
물소리 웃음소리
가물 한 기억이 찾아낸다

수양버들에 매달려
그네 타다 떨어지고
웅덩이에서 일등으로 참외
가져오기 하다죽을 뻔한 일

기절한 내가
죽은 줄 알고 통곡하는 소리에
정신이 들었다
빙 둘러앉아 울던 친구들아

할머니가 되도록 잊지 못하는
봄의 순 같은…
아까운 너희들 많이 보고 싶구나

하나로 선
-사상과 문학 시인선-

같이 산책 하실 래요?

초판1쇄발행 2021년 5월 15일

지 은 이 허이레
펴 낸 이 박영률
펴 낸 곳 하나로 선 사상과 문학사
인쇄기획 엔 크

출판등록 제2012-000301호
주　　소 서울시 마포구 토정로198 영풍@ 101동 상가 204호
전　　화 02) 326-3627
팩　　스 02) 717-4536

메일주소 holyhill091@hanmail.net

I S B N 979-11-88374-30-4 03810
정　　가 10,000원

*인지는 저자와 합의하에 생략하며 잘못된 책(파본)은 교환해 드립니다.